Ramadan Kareem

Year:

This Journal Belongs To

Ramadan Tracker

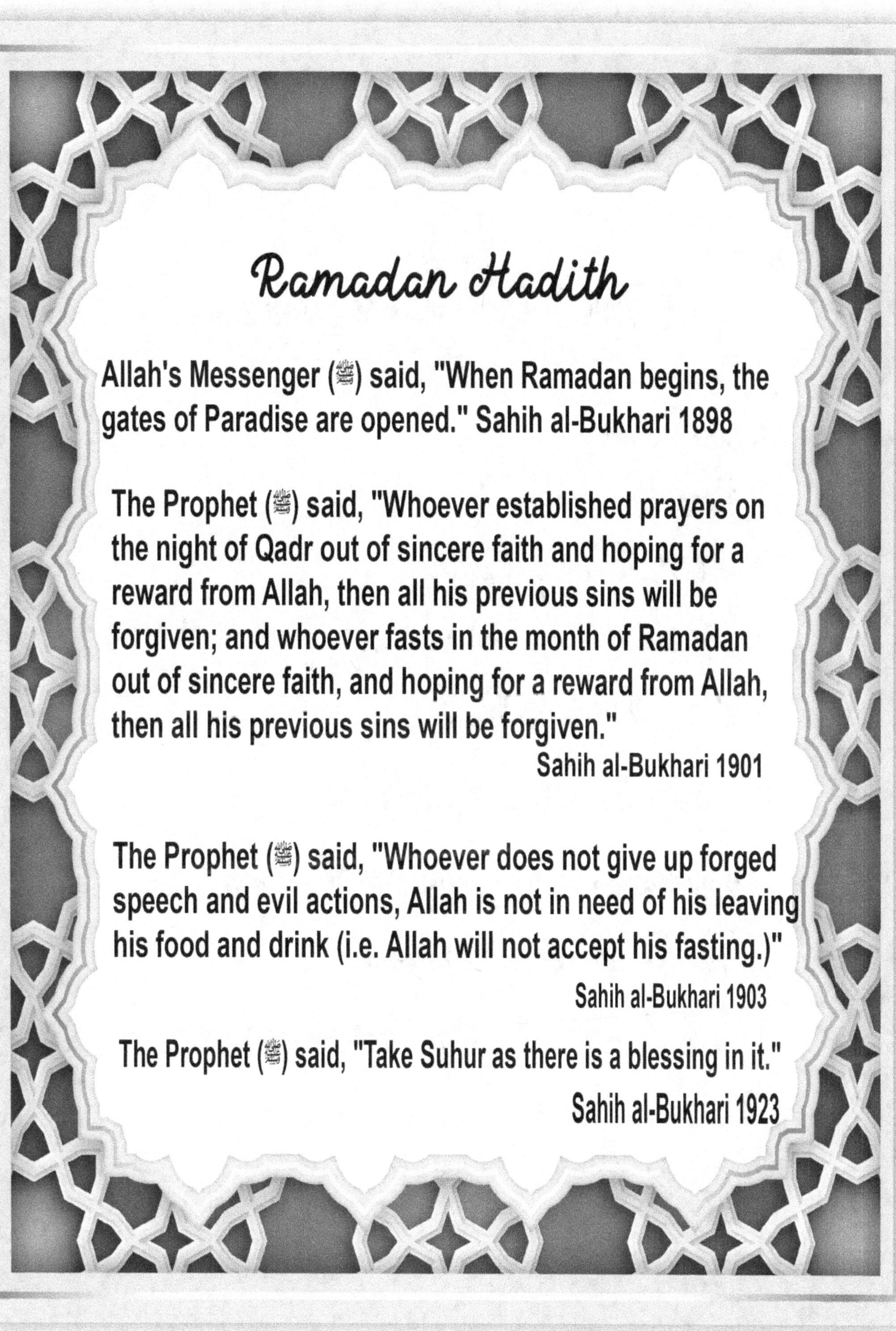

Ramadan Hadith

Allah's Messenger (ﷺ) said, "When Ramadan begins, the gates of Paradise are opened." Sahih al-Bukhari 1898

The Prophet (ﷺ) said, "Whoever established prayers on the night of Qadr out of sincere faith and hoping for a reward from Allah, then all his previous sins will be forgiven; and whoever fasts in the month of Ramadan out of sincere faith, and hoping for a reward from Allah, then all his previous sins will be forgiven."
Sahih al-Bukhari 1901

The Prophet (ﷺ) said, "Whoever does not give up forged speech and evil actions, Allah is not in need of his leaving his food and drink (i.e. Allah will not accept his fasting.)"
Sahih al-Bukhari 1903

The Prophet (ﷺ) said, "Take Suhur as there is a blessing in it."
Sahih al-Bukhari 1923

30 Days Of Ramadan Good Deeds List

1. Eat Suhoor.
2. Pray On Time.
3. Read Lots Of Quran.
4. Donate money to a charity of your choice.
5. Help Prepare Iftar.
6. Clean The Table After Iftar.
7. Say Salam to as many people as you can.
8. Try To Smile At Everyone.
9. Tell A Non Muslim About Ramadan.
10. Learn A New Dua.

30 Days Of Ramadan Good Deeds List

11. Make A Special Dua And Recite Daily.

12. Donate to a food bank.

13. Teach Quran..

14. Call Parents for a chat.

15. Make dua specially for someone.

16. Share Food With Your Neighbor.

17. Learn Sunnah Of The Prophet.

18. Pray Taraweeh.

19. Be Patient.

20. Sleep In The Afternoon.

30 Days Of Ramadan Good Deeds List

21. Stay Only Good Things.

22.. Teach Your Sibling Something New.

23. Help parents with House Chores.

24. Say A Tasbih 100 Times.

25. Buy a gift and give it to a loved one.

26. Give A Compliment.

27. Visit A Sick Muslim.

28. Say Astaghfirullah.

29. Buy A Special Person An Eid Gift.

30. Go one day without complaining.

Quran Reading Log

RAMADAN

Day	Juz	Surah	Ayah

Dua List

Allah Almighty says in the Holy Qur'an: "When my servants ask you about me, (tell them), I am really close to them, I listen to the prayer of each supplicant when he invokes me." (Quran , 2: 186)

Personal Dua List	Family Dua List	Friends Dua List

Good Habit Tracker

Write down every time you do a good deed this Ramadan

Good Deed	Good Deed

RAMADAN
Bad Habit Breaker

Every Time You Break A Bad Habit Give Yourself A Reward

My Bad Habit	What I Will Do To Break Them	Reward

RAMADAN Charity Tracker

RAMADAN
Zakah Planner

Charity Of Choice

Donation Amount

How My Donation Will Help

Lailatul Qadr Plan

Allah says in the Qur'an, "The Night of Decree is better than a thousand months," (Qur'an, 97:3).

Estimated Date: _______________________

Duas To Make	Surahs To Recite

Goals For Lailatul Qadr	TO-DO LIST
	1

Notes:

RAMADAN *Gift Tracker*

GIFT IDEAS

GIFT TO GIVE

NAME OF GIFT RECIPIENT	GIFT DESCRIPTION	TO BE COMPLETED BY

COMPLETED

NAME OF GIFT RECIPIENT	GIFT DESCRIPTION	COMPLETED ON

NOTES

RAMADAN **Gift Tracker**

GIFT IDEAS

GIFT TO GIVE

NAME OF GIFT RECIPIENT	GIFT DESCRIPTION	TO BE COMPLETED BY

COMPLETED

NAME OF GIFT RECIPIENT	GIFT DESCRIPTION	COMPLETED ON

NOTES

RAMADAN
Grocery List

Week of ....

Notes ....

Fruits & Veggies	Meats & Dairy

Pantry	Frozen

Beverages ....

Sweet treats & Others ....

RAMADAN
Grocery List

Week of ....

Notes ....
....

Fruits & Veggies	Meats & Dairy

Pantry	Frozen

Beverages ....
....

Sweet treats & Others ....
....

RAMADAN
Grocery List

Week of ....

Notes ....
....

Fruits & Veggies	Meats & Dairy

Pantry	Frozen

Beverages ....
....

Sweet treats & Others ....
....

RAMADAN
Grocery List

Week of ....

Notes ....
....

Fruits & Veggies	Meats & Dairy

Pantry	Frozen

Beverages ....
....

Sweet treats & Others ....
....

Ramadan Meal Plan

	Ramadan1	Ramadan2	Ramadan3	Ramadan4
Suhoor				
IFTAR				

Ramadan Meal Plan
Ramadan5
Ramadan6
Ramadan7
Ramadan8
Suhoor
IFTAR

Ramadan Meal Plan

	Ramadan9	Ramadan10	Ramadan11	Ramadan12
Suhoor				
IFTAR				

Ramadan Meal Plan
Ramadan13
Ramadan14
Ramadan15
Ramadan16
Suhoor
IFTAR

Ramadan Meal Plan
Ramadan17 Ramadan18 Ramadan19 Ramadan20
Suhoor
IFTAR

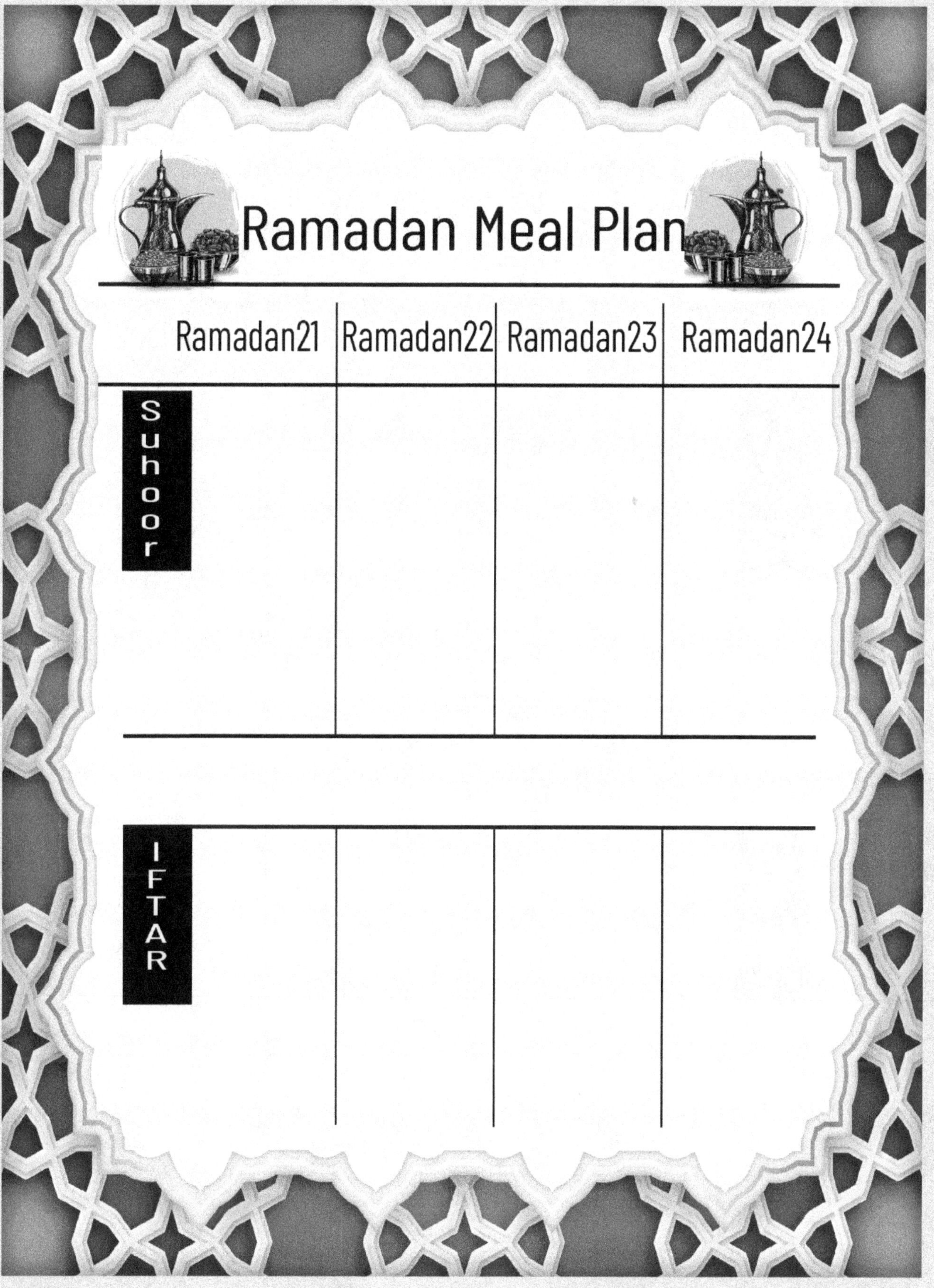

Ramadan Meal Plan
Ramadan21
Ramadan22
Ramadan23
Ramadan24
Suhoor
IFTAR

Ramadan Meal Plan
Ramadan25
Ramadan26
Ramadan27
Ramadan28
Suhoor
IFTAR

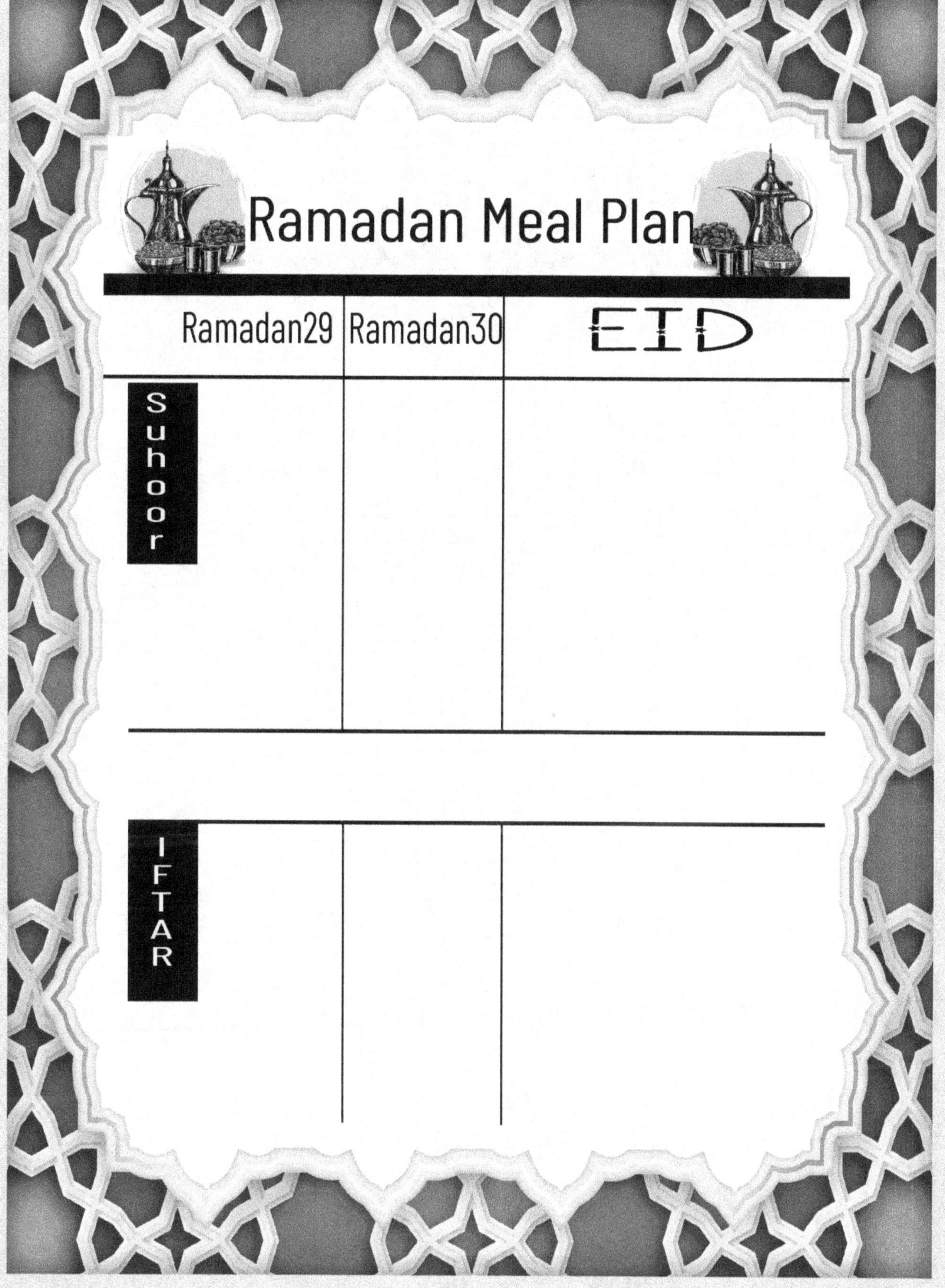

Ramadan Meal Plan
Ramadan29
Ramadan30
EID
Suhoor
IFTAR

Eid Is Here
My Eid Plans

My Eid Plans

My Ramadan Goals

Ramadan-( )

Date:

Mood:
Happy
Sad
Inspired
Bored
Angry
Anxious

Other:

○ Fajr
○ Dhur
○ Asr
○ Maghrib
○ Isha
○ Tarawih

Quran Recitation

Surah	Ayah	Lesson learned

Daily Reflection | Daily Habit

Daily Habit
○ Exercise
○ Eat Healthy
○ Give To Charity
○ Morning Dhikir
○ Evening Dhikir
○
○

Today's Goals:
- - - - - - - - -
- - - - - - - - -
- - - - - - - - -
- - - - - - - - -

Dua OF The Day
- - - - - - - - -
- - - - - - - - -
- - - - - - - - -
- - - - - - - - -

Today's To Dos:
- - - - - - - - -
- - - - - - - - -
- - - - - - - - -
- - - - - - - - -

Rate Yourself As A Practicing Muslim Out Of 10 _______________

Ramadan-( )

Date:

Mood:
Happy
Sad
Inspired
Bored
Angry
Anxious
Other:

○ Fajr
○ Dhur
○ Asr
○ Maghrib
○ Isha
○ Tarawih

Quran Recitation

Surah	Ayah	Lesson learned

Daily Reflection

Daily Habit

- ○ Exercise
- ○ Eat Healthy
- ○ Give To Charity
- ○ Morning Dhikir
- ○ Evening Dhikir
- ○
- ○

Today's Goals:
- - - - - - - - -
- - - - - - - - -
- - - - - - - - -
- - - - - - - - -

Dua OF The Day
- - - - - - -
- - - - - - -
- - - - - - -
- - - - - - -

Today's To Dos:
- - - - - - - -
- - - - - - - -
- - - - - - - -
- - - - - - - -

Rate Yourself As A Practicing Muslim Out Of 10 _______________

Ramadan-( )

Date:

Mood:
Happy
Sad
Inspired
Bored
Angry
Anxious
Other:

- ◯ Fajr
- ◯ Dhur
- ◯ Asr
- ◯ Maghrib
- ◯ Isha
- ◯ Tarawih

Quran Recitation

Surah	Ayah	Lesson Learned

Daily Reflection

Daily Habit

- ◯ Exercise
- ◯ Eat Healthy
- ◯ Give To Charity
- ◯ Morning Dhikir
- ◯ Evening Dhikir
- ◯
- ◯

Today's Goals:
- - - - - - - - -
- - - - - - - - -
- - - - - - - - -
- - - - - - - - -

Dua OF The Day
- - - - - - - - -
- - - - - - - - -
- - - - - - - - -
- - - - - - - - -

Today's To Dos:
- - - - - - - - -
- - - - - - - - -
- - - - - - - - -
- - - - - - - - -

Rate Yourself As A Practicing Muslim Out Of 10 _______________

Ramadan-( )

Date:

Mood:
Happy
Sad
Inspired
Bored
Angry
Anxious
Other:

○ Fajr
○ Dhur
○ Asr
○ Maghrib
○ Isha
○ Tarawih

Quran Recitation

Surah	Ayah	Lesson learned

Daily Reflection

Daily Habit

- ○ Exercise
- ○ Eat Healthy
- ○ Give To Charity
- ○ Morning Dhikir
- ○ Evening Dhikir
- ○
- ○

Today's Goals:

Dua OF The Day

Today's To Dos:

Rate Yourself As A Practicing Muslim Out Of 10 _______________

Ramadan-( )

Date:

Mood:
- Happy
- Sad
- Inspired
- Bored
- Angry
- Anxious
- Other:

- ○ Fajr
- ○ Dhur
- ○ Asr
- ○ Maghrib
- ○ Isha
- ○ Tarawih

Quran Recitation

Surah	Ayah	Lesson Learned

Daily Reflection

Daily Habit
- ○ Exercise
- ○ Eat Healthy
- ○ Give To Charity
- ○ Morning Dhikir
- ○ Evening Dhikir
- ○
- ○

Today's Goals:
- - - - - - - -
- - - - - - - -
- - - - - - - -
- - - - - - - -

Dua OF The Day
- - - - - - - -
- - - - - - - -
- - - - - - - -
- - - - - - - -

Today's To Dos:
- - - - - - - -
- - - - - - - -
- - - - - - - -
- - - - - - - -

Rate Yourself As A Practicing Muslim Out Of 10 _______________

Ramadan-( )

Date:

Mood:
Happy
Sad
Inspired
Bored
Angry
Anxious
Other:

- ◯ Fajr
- ◯ Dhur
- ◯ Asr
- ◯ Maghrib
- ◯ Isha
- ◯ Tarawih

Quran Recitation

Surah	Ayah	Lesson learned

Daily Reflection

Daily Habit

- ◯ Exercise
- ◯ Eat Healthy
- ◯ Give To Charity
- ◯ Morning Dhikir
- ◯ Evening Dhikir
- ◯
- ◯

Today's Goals:
- - - - - - - - -
- - - - - - - - -
- - - - - - - - -
- - - - - - - - -

Dua OF The Day
- - - - - - - - -
- - - - - - - - -
- - - - - - - - -
- - - - - - - - -

Today's To Dos:
- - - - - - - - -
- - - - - - - - -
- - - - - - - - -
- - - - - - - - -

Rate Yourself As A Practicing Muslim Out Of 10 __________

Ramadan-( )

Mood:
- Happy
- Sad
- Inspired
- Bored
- Angry
- Anxious
- Other:

Date:

- ◯ Fajr
- ◯ Dhur
- ◯ Asr
- ◯ Maghrib
- ◯ Isha
- ◯ Tarawih

Quran Recitation

Surah	Ayah	Lesson Learned

Daily Reflection

Daily Habit

- ◯ Exercise
- ◯ Eat Healthy
- ◯ Give To Charity
- ◯ Morning Dhikir
- ◯ Evening Dhikir
- ◯
- ◯

Today's Goals:
- - - - - - - - -
- - - - - - - - -
- - - - - - - - -
- - - - - - - - -

Dua OF The Day
- - - - - - - - -
- - - - - - - - -
- - - - - - - - -
- - - - - - - - -

Today's To Dos:
- - - - - - - - -
- - - - - - - - -
- - - - - - - - -
- - - - - - - - -

Rate Yourself As A Practicing Muslim Out Of 10 _______________

Ramadan-( )

Date:

Mood:
Happy
Sad
Inspired
Bored
Angry
Anxious
Other:

- ◯ Fajr
- ◯ Dhur
- ◯ Asr
- ◯ Maghrib
- ◯ Isha
- ◯ Tarawih

Quran Recitation

Surah	Ayah	Lesson Learned

Daily Reflection

Daily Habit

- ◯ Exercise
- ◯ Eat Healthy
- ◯ Give To Charity
- ◯ Morning Dhikir
- ◯ Evening Dhikir
- ◯
- ◯

Today's Goals:
- - - - - - - - - -
- - - - - - - - - -
- - - - - - - - - -
- - - - - - - - - -

Dua OF The Day
- - - - - - - - - -
- - - - - - - - - -
- - - - - - - - - -
- - - - - - - - - -

Today's To Dos:
- - - - - - - - - -
- - - - - - - - - -
- - - - - - - - - -
- - - - - - - - - -

Rate Yourself As A Practicing Muslim Out Of 10 ______________

Ramadan-( )

Mood: Happy / Sad / Inspired / Bored / Angry / Anxious / Other:

Date:

- Fajr
- Dhur
- Asr
- Maghrib
- Isha
- Tarawih

Quran Recitation

Surah	Ayah	lesson learned

Daily Reflection

Daily Habit

- O Exercise
- O Eat Healthy
- O Give To Charity
- O Morning Dhikir
- O Evening Dhikir
- O
- O

Today's Goals:

- - - - - - - - -
- - - - - - - - -
- - - - - - - - -
- - - - - - - - -

Dua OF The Day

- - - - - - - - -
- - - - - - - - -
- - - - - - - - -
- - - - - - - - -

Today's To Dos:

- - - - - - - - -
- - - - - - - - -
- - - - - - - - -
- - - - - - - - -

Rate Yourself As A Practicing Muslim Out Of 10 ______________

Ramadan-( )

Date:

Mood:
Happy
Sad
Inspired
Bored
Angry
Anxious
Other:

- ◯ Fajr
- ◯ Dhur
- ◯ Asr
- ◯ Maghrib
- ◯ Isha
- ◯ Tarawih

Quran Recitation

Surah	Ayah	Lesson learned

Daily Reflection

Daily Habit

- ◯ Exercise
- ◯ Eat Healthy
- ◯ Give To Charity
- ◯ Morning Dhikir
- ◯ Evening Dhikir
- ◯
- ◯

Today's Goals:
- - - - - - - - - -
- - - - - - - - - -
- - - - - - - - - -
- - - - - - - - - -

Dua OF The Day
- - - - - - - - - -
- - - - - - - - - -
- - - - - - - - - -
- - - - - - - - - -
- - - - - - - - - -

Today's To Dos:
- - - - - - - - - -
- - - - - - - - - -
- - - - - - - - - -
- - - - - - - - - -

Rate Yourself As A Practicing Muslim Out Of 10 _______________

Ramadan-( )

Date:

Mood:
- Happy
- Sad
- Inspired
- Bored
- Angry
- Anxious
- Other:

- ◯ Fajr
- ◯ Dhur
- ◯ Asr
- ◯ Maghrib
- ◯ Isha
- ◯ Tarawih

Quran Recitation

Surah	Ayah	Lesson learned

Daily Reflection

Daily Habit

- ◯ Exercise
- ◯ Eat Healthy
- ◯ Give To Charity
- ◯ Morning Dhikir
- ◯ Evening Dhikir
- ◯
- ◯

Today's Goals:
- - - - - - - - - -
- - - - - - - - - -
- - - - - - - - - -
- - - - - - - - - -

Dua OF The Day
- - - - - - - - - -
- - - - - - - - - -
- - - - - - - - - -
- - - - - - - - - -

Today's To Dos:
- - - - - - - - - -
- - - - - - - - - -
- - - - - - - - - -
- - - - - - - - - -

Rate Yourself As A Practicing Muslim Out Of 10 ____________

Ramadan-( )

Date:

Mood:
Happy
Sad
Inspired
Bored
Angry
Anxious
Other:

- ◯ Fajr
- ◯ Dhur
- ◯ Asr
- ◯ Maghrib
- ◯ Isha
- ◯ Tarawih

Quran Recitation

Surah	Ayah	lesson learned

Daily Reflection

Daily Habit

- ◯ Exercise
- ◯ Eat Healthy
- ◯ Give To Charity
- ◯ Morning Dhikir
- ◯ Evening Dhikir
- ◯
- ◯

Today's Goals:
- - - - - - - - - -
- - - - - - - - - -
- - - - - - - - - -
- - - - - - - - - -

Dua OF The Day
- - - - - - - - - -
- - - - - - - - - -
- - - - - - - - - -
- - - - - - - - - -

Today's To Dos:
- - - - - - - - - -
- - - - - - - - - -
- - - - - - - - - -
- - - - - - - - - -

Rate Yourself As A Practicing Muslim Out OF 10 _______________

Ramadan-( )

Date:

Mood:
Happy
Sad
Inspired
Bored
Angry
Anxious

Other:

○ Fajr
○ Dhur
○ Asr
○ Maghrib
○ Isha
○ Tarawih

Quran Recitation

Surah	Ayah	Lesson Learned

Daily Reflection

Daily Habit

- ○ Exercise
- ○ Eat Healthy
- ○ Give To Charity
- ○ Morning Dhikir
- ○ Evening Dhikir
- ○
- ○

Today's Goals:
- - - - - - - -
- - - - - - - -
- - - - - - - -
- - - - - - - -

Dua Of The Day
- - - - - - - -
- - - - - - - -
- - - - - - - -
- - - - - - - -

Today's To Dos:
- - - - - - - -
- - - - - - - -
- - - - - - - -
- - - - - - - -

Rate Yourself As A Practicing Muslim Out Of 10 _______________

Ramadan-( )

Date:

Mood:
Happy
Sad
Inspired
Bored
Angry
Anxious
Other:

- ○ Fajr
- ○ Dhur
- ○ Asr
- ○ Maghrib
- ○ Isha
- ○ Tarawih

Quran Recitation

Surah	Ayah	Lesson learned

Daily Reflection

Daily Habit

- ○ Exercise
- ○ Eat Healthy
- ○ Give To Charity
- ○ Morning Dhikir
- ○ Evening Dhikir
- ○
- ○

Today's Goals:

- - - - - - - - - - -

- - - - - - - - - - -

- - - - - - - - - - -

- - - - - - - - - - -

Dua OF The Day

Today's To Dos:

- - - - - - - - - - -

- - - - - - - - - - -

- - - - - - - - - - -

- - - - - - - - - - -

Rate Yourself As A Practicing Muslim Out Of 10 ________________

Ramadan-( )

Mood:
Happy
Sad
Inspired
Bored
Angry
Anxious
Other:

Date:

- ○ Fajr
- ○ Dhur
- ○ Asr
- ○ Maghrib
- ○ Isha
- ○ Tarawih

Quran Recitation

Surah	Ayah	Lesson learned

Daily Reflection

Daily Habit

- ○ Exercise
- ○ Eat Healthy
- ○ Give To Charity
- ○ Morning Dhikir
- ○ Evening Dhikir
- ○
- ○

Today's Goals:
- - - - - - - - -
- - - - - - - - -
- - - - - - - - -
- - - - - - - - -

Dua OF The Day
- - - - - - - -
- - - - - - - -
- - - - - - - -
- - - - - - - -

Today's To Dos:
- - - - - - - - -
- - - - - - - - -
- - - - - - - - -
- - - - - - - - -

Rate Yourself As A Practicing Muslim Out Of 10 _______________

Ramadan-( )

Date:

Mood:
- Happy
- Sad
- Inspired
- Bored
- Angry
- Anxious
- Other:

- ○ Fajr
- ○ Dhur
- ○ Asr
- ○ Maghrib
- ○ Isha
- ○ Tarawih

Quran Recitation

Surah	Ayah	Lesson Learned

Daily Reflection

Daily Habit
- ○ Exercise
- ○ Eat Healthy
- ○ Give To Charity
- ○ Morning Dhikir
- ○ Evening Dhikir
- ○
- ○

Today's Goals:
- - - - - - - - - -
- - - - - - - - - -
- - - - - - - - - -
- - - - - - - - - -

Dua OF The Day
- - - - - - - - - -
- - - - - - - - - -
- - - - - - - - - -
- - - - - - - - - -
- - - - - - - - - -

Today's To Dos:
- - - - - - - - - -
- - - - - - - - - -
- - - - - - - - - -
- - - - - - - - - -

Rate Yourself As A Practicing Muslim Out Of 10 ________________

Ramadan-( )

Date:

Mood:
- Happy
- Sad
- Inspired
- Bored
- Angry
- Anxious
- Other:

- ○ Fajr
- ○ Dhur
- ○ Asr
- ○ Maghrib
- ○ Isha
- ○ Tarawih

Quran Recitation

Surah	Ayah	Lesson learned

Daily Reflection

Daily Habit

- ○ Exercise
- ○ Eat Healthy
- ○ Give To Charity
- ○ Morning Dhikir
- ○ Evening Dhikir
- ○
- ○

Today's Goals:
- - - - - - - -
- - - - - - - -
- - - - - - - -
- - - - - - - -

Dua OF The Day
- - - - - - - -
- - - - - - - -
- - - - - - - -
- - - - - - - -

Today's To Dos:
- - - - - - - -
- - - - - - - -
- - - - - - - -
- - - - - - - -

Rate Yourself As A Practicing Muslim Out Of 10 _______________

Ramadan-( )

Date:

Mood:
- Happy
- Sad
- Inspired
- Bored
- Angry
- Anxious

Other:

- ◯ Fajr
- ◯ Dhur
- ◯ Asr
- ◯ Maghrib
- ◯ Isha
- ◯ Tarawih

Quran Recitation

Surah	Ayah	Lesson learned

Daily Reflection

Daily Habit

- ◯ Exercise
- ◯ Eat Healthy
- ◯ Give To Charity
- ◯ Morning Dhikir
- ◯ Evening Dhikir
- ◯
- ◯

Today's Goals:

- - - - - - - - - -

- - - - - - - - - -

- - - - - - - - - -

- - - - - - - - - -

Dua OF The Day

- - - - - - - - - -

- - - - - - - - - -

- - - - - - - - - -

- - - - - - - - - -

Today's To Dos:

- - - - - - - - - -

- - - - - - - - - -

- - - - - - - - - -

- - - - - - - - - -

Rate Yourself As A Practicing Muslim Out Of 10 _______________

Ramadan-( )

Date:

Mood:
- Happy
- Sad
- Inspired
- Bored
- Angry
- Anxious
- Other:

- ◯ Fajr
- ◯ Dhur
- ◯ Asr
- ◯ Maghrib
- ◯ Isha
- ◯ Tarawih

Quran Recitation

Surah	Ayah	Lesson Learned

Daily Reflection

Daily Habit
- ◯ Exercise
- ◯ Eat Healthy
- ◯ Give To Charity
- ◯ Morning Dhikir
- ◯ Evening Dhikir
- ◯
- ◯

Today's Goals:
- - - - - - - - -
- - - - - - - - -
- - - - - - - - -
- - - - - - - - -

Dua Of The Day
- - - - - - - - -
- - - - - - - - -
- - - - - - - - -
- - - - - - - - -

Today's To Dos:
- - - - - - - - -
- - - - - - - - -
- - - - - - - - -
- - - - - - - - -

Rate Yourself As A Practicing Muslim Out Of 10 _______________

Ramadan-( )

Mood:
- Happy
- Sad
- Inspired
- Bored
- Angry
- Anxious
- Other:

Date:

- ◯ Fajr
- ◯ Dhur
- ◯ Asr
- ◯ Maghrib
- ◯ Isha
- ◯ Tarawih

Quran Recitation

Surah	Ayah	lesson learned

Daily Reflection

Daily Habit

- ◯ Exercise
- ◯ Eat Healthy
- ◯ Give To Charity
- ◯ Morning Dhikir
- ◯ Evening Dhikir
- ◯
- ◯

Today's Goals:
- - - - - - - - - -
- - - - - - - - - -
- - - - - - - - - -
- - - - - - - - - -

Dua OF The Day
- - - - - - - - - -
- - - - - - - - - -
- - - - - - - - - -
- - - - - - - - - -

Today's To Dos:
- - - - - - - - - -
- - - - - - - - - -
- - - - - - - - - -
- - - - - - - - - -

Rate Yourself As A Practicing Muslim Out Of 10 ___________

Ramadan-( )

Mood:
Happy
Sad
Inspired
Bored
Angry
Anxious
Other:

Date:

- ◯ Fajr
- ◯ Dhur
- ◯ Asr
- ◯ Maghrib
- ◯ Isha
- ◯ Tarawih

Quran Recitation

Surah	Ayah	Lesson Learned

Daily Reflection

Daily Habit

- ◯ Exercise
- ◯ Eat Healthy
- ◯ Give To Charity
- ◯ Morning Dhikir
- ◯ Evening Dhikir
- ◯
- ◯

Today's Goals:

- - - - - - - - - -

- - - - - - - - - -

- - - - - - - - - -

- - - - - - - - - -

Dua OF The Day

- - - - - - - - - -

- - - - - - - - - -

- - - - - - - - - -

- - - - - - - - - -

Today's To Dos:

- - - - - - - - - -

- - - - - - - - - -

- - - - - - - - - -

- - - - - - - - - -

Rate Yourself As A Practicing Muslim Out Of 10 _______________

Ramadan-( )

Date:

Mood:
Happy
Sad
Inspired
Bored
Angry
Anxious
Other:

○ Fajr
○ Dhur
○ Asr
○ Maghrib
○ Isha
○ Tarawih

Quran Recitation

Surah	Ayah	Lesson learned

Daily Reflection

Daily Habit

- ○ Exercise
- ○ Eat Healthy
- ○ Give To Charity
- ○ Morning Dhikir
- ○ Evening Dhikir
- ○
- ○

Today's Goals:
- - - - - - - -
- - - - - - - -
- - - - - - - -
- - - - - - - -

Dua OF The Day
- - - - - - - -
- - - - - - - -
- - - - - - - -
- - - - - - - -
- - - - - - - -

Today's To Dos:
- - - - - - - -
- - - - - - - -
- - - - - - - -
- - - - - - - -

Rate Yourself As A Practicing Muslim Out Of 10 _______________

Ramadan-( )

Date:

Mood:
- Happy
- Sad
- Inspired
- Bored
- Angry
- Anxious
- Other:

- ◯ Fajr
- ◯ Dhur
- ◯ Asr
- ◯ Maghrib
- ◯ Isha
- ◯ Tarawih

Quran Recitation

Surah	Ayah	Lesson Learned

Daily Reflection

Daily Habit

- ◯ Exercise
- ◯ Eat Healthy
- ◯ Give To Charity
- ◯ Morning Dhikir
- ◯ Evening Dhikir
- ◯
- ◯

Today's Goals:

- - - - - - - -

- - - - - - - -

- - - - - - - -

- - - - - - - -

Dua OF The Day

- - - - - - - -

- - - - - - - -

- - - - - - - -

- - - - - - - -

Today's To Dos:

- - - - - - - -

- - - - - - - -

- - - - - - - -

- - - - - - - -

Rate Yourself As A Practicing Muslim Out Of 10 _______________

Ramadan-( )

Date:

Mood:
Happy
Sad
Inspired
Bored
Angry
Anxious
Other:

- ○ Fajr
- ○ Dhur
- ○ Asr
- ○ Maghrib
- ○ Isha
- ○ Tarawih

Quran Recitation

Surah	Ayah	Lesson learned

Daily Reflection

Daily Habit

- ○ Exercise
- ○ Eat Healthy
- ○ Give To Charity
- ○ Morning Dhikir
- ○ Evening Dhikir
- ○
- ○

Today's Goals:

- - - - - - - - -

- - - - - - - - -

- - - - - - - - -

Dua OF The Day

- - - - - - - - -

- - - - - - - - -

- - - - - - - - -

- - - - - - - - -

Today's To Dos:

- - - - - - - - -

- - - - - - - - -

- - - - - - - - -

- - - - - - - - -

Rate Yourself As A Practicing Muslim Out Of 10 _______________

Ramadan-( )

Date:

Mood:
- Happy
- Sad
- Inspired
- Bored
- Angry
- Anxious
- Other:

- ○ Fajr
- ○ Dhur
- ○ Asr
- ○ Maghrib
- ○ Isha
- ○ Tarawih

Quran Recitation

Surah	Ayah	Lesson learned

Daily Reflection

Daily Habit
- ○ Exercise
- ○ Eat Healthy
- ○ Give To Charity
- ○ Morning Dhikir
- ○ Evening Dhikir
- ○
- ○

Today's Goals:
- - - - - - -
- - - - - - -
- - - - - - -
- - - - - - -

Dua OF The Day
- - - - - - -
- - - - - - -
- - - - - - -
- - - - - - -

Today's To Dos:
- - - - - - -
- - - - - - -
- - - - - - -
- - - - - - -

Rate Yourself As A Practicing Muslim Out Of 10 _______________

Ramadan-( )

Date:

Mood:
Happy
Sad
Inspired
Bored
Angry
Anxious
Other:

- ( ) Fajr
- ( ) Dhur
- ( ) Asr
- ( ) Maghrib
- ( ) Isha
- ( ) Tarawih

Quran Recitation

Surah	Ayah	Lesson learned

Daily Reflection

Daily Habit

- O Exercise
- O Eat Healthy
- O Give To Charity
- O Morning Dhikir
- O Evening Dhikir
- O
- O

Today's Goals:

- - - - - - - - - - -

- - - - - - - - - - -

- - - - - - - - - - -

- - - - - - - - - - -

Dua OF The Day

- - - - - - - - - - -

- - - - - - - - - - -

- - - - - - - - - - -

- - - - - - - - - - -

Today's To Dos:

- - - - - - - - - - -

- - - - - - - - - - -

- - - - - - - - - - -

- - - - - - - - - - -

Rate Yourself As A Practicing Muslim Out Of 10 _______________

Ramadan-( )

Mood:
- Happy
- Sad
- Inspired
- Bored
- Angry
- Anxious
- Other:

Date:

- ○ Fajr
- ○ Dhur
- ○ Asr
- ○ Maghrib
- ○ Isha
- ○ Tarawih

Quran Recitation

Surah	Ayah	Lesson learned

Daily Reflection

Daily Habit

- ○ Exercise
- ○ Eat Healthy
- ○ Give To Charity
- ○ Morning Dhikir
- ○ Evening Dhikir
- ○
- ○

Today's Goals:
- - - - - - - - -
- - - - - - - - -
- - - - - - - - -
- - - - - - - - -

Dua OF The Day
- - - - - - - - -
- - - - - - - - -
- - - - - - - - -
- - - - - - - - -
- - - - - - - - -

Today's To Dos:
- - - - - - - - -
- - - - - - - - -
- - - - - - - - -
- - - - - - - - -

Rate Yourself As A Practicing Muslim Out Of 10 ________________

Ramadan-( )

Date:

Mood:
- Happy
- Sad
- Inspired
- Bored
- Angry
- Anxious
- Other:

- ◯ Fajr
- ◯ Dhur
- ◯ Asr
- ◯ Maghrib
- ◯ Isha
- ◯ Tarawih

Quran Recitation

Surah	Ayah	lesson learned

Daily Reflection

Daily Habit
- ◯ Exercise
- ◯ Eat Healthy
- ◯ Give To Charity
- ◯ Morning Dhikir
- ◯ Evening Dhikir
- ◯
- ◯

Today's Goals:
- - - - - - - - -
- - - - - - - - -
- - - - - - - - -
- - - - - - - - -

Dua OF The Day
- - - - - - - - -
- - - - - - - - -
- - - - - - - - -
- - - - - - - - -
- - - - - - - - -

Today's To Dos:
- - - - - - - - -
- - - - - - - - -
- - - - - - - - -
- - - - - - - - -

Rate Yourself As A Practicing Muslim Out Of 10 ________________

Ramadan-( )

Date:

Mood:
- Happy
- Sad
- Inspired
- Bored
- Angry
- Anxious
- Other:

- ◯ Fajr
- ◯ Dhur
- ◯ Asr
- ◯ Maghrib
- ◯ Isha
- ◯ Tarawih

Quran Recitation

Surah	Ayah	Lesson learned

Daily Reflection

Daily Habit
- ◯ Exercise
- ◯ Eat Healthy
- ◯ Give To Charity
- ◯ Morning Dhikir
- ◯ Evening Dhikir
- ◯
- ◯

Today's Goals:
- - - - - - - - -
- - - - - - - - -
- - - - - - - - -
- - - - - - - - -

Dua OF The Day
- - - - - - - - -
- - - - - - - - -
- - - - - - - - -
- - - - - - - - -

Today's To Dos:
- - - - - - - - -
- - - - - - - - -
- - - - - - - - -
- - - - - - - - -

Rate Yourself As A Practicing Muslim Out Of 10 _______________

Ramadan-( )

Date:

Mood:
Happy
Sad
Inspired
Bored
Angry
Anxious
Other:

- ○ Fajr
- ○ Dhur
- ○ Asr
- ○ Maghrib
- ○ Isha
- ○ Tarawih

Quran Recitation

Surah	Ayah	Lesson learned

Daily Reflection | Daily Habit

Daily Habit
- ○ Exercise
- ○ Eat Healthy
- ○ Give To Charity
- ○ Morning Dhikir
- ○ Evening Dhikir
- ○
- ○

Today's Goals:
- - - - - - - - - -
- - - - - - - - - -
- - - - - - - - - -
- - - - - - - - - -

Dua OF The Day
- - - - - - - - - -
- - - - - - - - - -
- - - - - - - - - -
- - - - - - - - - -

Today's To Dos:
- - - - - - - - - -
- - - - - - - - - -
- - - - - - - - - -
- - - - - - - - - -

Rate Yourself As A Practicing Muslim Out Of 10 ___________

I Did It!
My Ramadan Reflections

My Ramadan Reflections

Notes

Notes

Notes

Notes

Notes

Notes

Notes

Notes